Le goût
et l'odorat

Cet ouvrage illustré par Catherine Brus est extrait du volume 2
« L'invisible »
de l'Encyclopédie pratique des Petits Débrouillards,
chez Albin Michel Jeunesse

Le goût
et l'odorat

ALBIN MICHEL JEUNESSE

Le goût et l'odorat

L'association des Petits Débrouillards
Les différentes collections

Des expériences

**Il te faut de la patience,
de l'humour, de la persévérance !
N'hésite pas à recommencer
certaines expériences
ou à les faire découvrir à
ta famille, à tes amis.**

Chaque expérience est classée :

COMPLEXE

Elle demande
du temps,
ou du matériel,
ou décrit
des phénomènes
compliqués
mais passionnants.

SIMPLE

Avec un peu
d'attention,
elle permet de
connaître et
de saisir
des phénomènes
scientifiques
élaborés.

TRÈS FACILE

Elle se fait vite,
ou presque
sans matériel,
ou se comprend
aisément.

● En raison des produits employés, certaines expériences
doivent se faire avec un adulte. La manipulation n'en sera
que plus sûre et plus réussie. Cela est indiqué par la phrase :
« Cette expérience se fait en présence d'un adulte ».

Les rubriques des expériences

LA MANIPULATION

est le déroulement
point par point
de l'expérience
(ou de l'observation
ou de l'enquête).

LE MATÉRIEL

dont tu as besoin est très
courant et inoffensif, il se trouve
chez toi, dans la cuisine, la cour
ou le grenier ! Certains produits,
peu coûteux, sont à acheter ;
ex : le bicarbonate de soude,
sans danger, qu'on se procure
en pharmacie.

L'EXPLICATION

te permet
de comprendre
ce qui vient
de se passer

L'APPLICATION

indique où ont lieu les
phénomènes expliqués ou à
quoi ils peuvent nous servir.

Le goût et l'odorat

Le goût et l'odorat font partie de nos sens (avec l'ouïe, la vue, le toucher et l'équilibre) qui nous permettent de recueillir des informations sur le monde qui nous entoure. Ces deux sens nous renseignent sur la nature

chimique de notre environnement.
Une fois les informations
recueillies par notre nez et notre
bouche, c'est notre cerveau qui
les interprète.
L'odorat et le goût sont deux sens
intimement liés,
comme nous le verrons dans
les fiches qui suivent.

Notre sens du goût est cependant beaucoup moins développé que notre odorat.
Goût et odorat nous donnent bien sûr plaisir à manger.
Avec les expériences proposées, nous allons découvrir comment ils fonctionnent et à quoi ils peuvent nous servir.

COLLE

Qu'est-ce qu'une « bonne odeur » ?

expérience **TRÈS FACILE**

Est-ce qu'une odeur que nous apprécions est agréable à tout le monde ?

MMMH

1. Le matériel

- 1 savon
- 1 poubelle
- de la colle
- du chocolat
- du fromage
- 1 rose

2. L'enquête

L'expérience se fait à plusieurs.

1 Voici différents éléments répartis dans un tableau. Classe les odeurs en plaçant 2 croix devant chaque chose, 1 pour bonne ou mauvaise ; 1 pour forte ou légère :

	bonne	mauvaise	forte	légère
savon				
poubelle				
colle				
chocolat				
fromage				
rose				

2 Demande à quelques amis de remplir également ce tableau. Comparez vos réponses.

**Avez-vous tous les mêmes idées
à propos des odeurs ?**

3. L'explication

Certaines odeurs sont désagréables à tout le monde, mais il existe peu d'odeurs qui soient agréables à tout le monde.

Une odeur est composée de très petites particules invisibles, appelées molécules, qui flottent dans l'air. Quand nous inspirons, les molécules odorantes pénètrent dans nos narines.

Là, elles sont reconnues par les cils (des capteurs appelés récepteurs) de petites cellules appelées « bulbes » olfactifs situées sur le plafond de la cavité nasale, l'espace creux dans notre nez. Lorsque les cils détectent une odeur, ils envoient un signal qui passe par le nerf olfactif jusqu'au cerveau. Notre cerveau trie les signaux et nous indique de quel type d'odeur il s'agit.

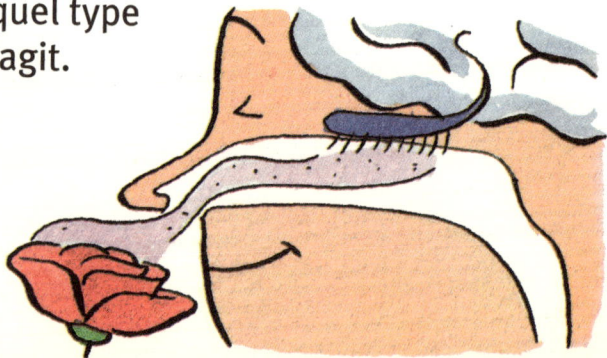

4. L'application

Le centre de l'odorat se trouve au fond du nez. Le haut et le fond du nez sont recouverts de petits cils qui captent et reconnaissent les odeurs. C'est grâce à eux que nous pouvons les différencier et les classer : certaines sont agréables, d'autres désagréables ou neutres. Suivant les odeurs auxquelles nous avons été habitués durant notre enfance, nous classons différemment celles que nous sentons plus tard. Par exemple, certains adorent les parfums de toilette, d'autres ne les supportent pas.

15

Avoir du nez !

expérience
SIMPLE

Le goût est-il le seul sens qui nous permet de reconnaître ce que nous avons dans la bouche ?

1. Le matériel

- 1 bandeau
- 1 oignon
- 1 quartier de pomme
- 1 pomme de terre
- 1 navet
- du pain
- du chocolat
- du jus d'orange
- du café

2. La manipulation

L'expérience se fait à deux.

1 Mets le bandeau sur tes yeux et demande à ton ami(e) de te présenter différents aliments les uns à la suite des autres sur une assiette pour que tu puisses les sentir.

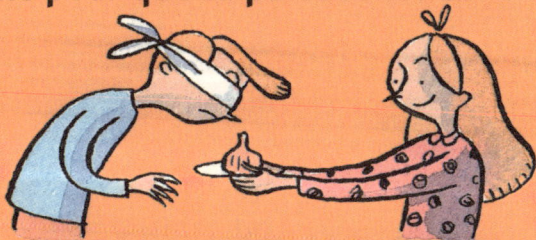

Combien en as-tu reconnus ?

2 En conservant le bandeau sur les yeux, prends dans la main les aliments que tu n'as pas reconnus.

Sont-ils plus faciles à reconnaître ?
Fais essayer ton ami(e) avec d'autres aliments !

17

3. L'explication

L'odorat est un sens plus ou moins développé suivant les personnes.

Chez l'être humain, l'odorat est beaucoup plus sensible que le goût. Nous pouvons détecter et distinguer un grand nombre d'odeurs différentes. Cependant, pour les reconnaître, il faut en recueillir une bonne quantité sur les capteurs d'odeurs qui tapissent le fond du nez.

Le toucher peut également aider à la reconnaissance des aliments, puisqu'il nous renseigne sur leur forme, leur rugosité, leur solidité.

4. L'application

Des professionnels comme les œnologues, qui testent les vins, ou les parfumeurs, qui fabriquent des substances à l'odeur agréable telles que les parfums ou les eaux de Cologne, font appel dans leur métier à leur odorat. Ils n'ont pourtant pas le nez particulièrement sensible, mais ils sont capables de se concentrer sur les odeurs qu'ils perçoivent, de les identifier et de s'en souvenir. Plus que d'un nez entraîné, ils disposent d'un cerveau entraîné !

Sentir ou respirer ?

expérience TRÈS FACILE

Est-il obligatoire de respirer pour pouvoir sentir les odeurs qui nous entourent ?

1. Le matériel

- *des fleurs odorantes*
- *des échantillons de parfum*

2. La manipulation

1 Place ton nez juste au-dessus d'une fleur, sans respirer.

Sens-tu son odeur ?

2 Déplace-toi autour d'un bouquet de fleurs. Inspire et expire.

À quel moment as-tu senti l'odeur ?

3 Vaporise un parfum à une certaine distance. Inspire et expire.

À quel moment as-tu senti l'odeur ?

3. L'explication

L'odeur est détectée au moment de l'inspiration.

Le nez est un organe qui permet la respiration et qui reçoit les odeurs. L'odeur doit arriver au fond du nez pour être sentie. L'importance de l'odeur varie suivant la distance qui sépare le nez de la fleur ou du jet de parfum.

Mais si les fleurs ont une odeur, celle-ci peut atteindre le fond du nez même si l'on ne respire pas. Ainsi nous pouvons nous apercevoir que sentir ne veut pas forcément dire respirer.

4. L'application

Pour mieux percevoir les odeurs, il faut inspirer. Au cours de la respiration normale, l'air passe directement dans le pharynx (un conduit qui assure le passage de l'air et des aliments).

Quand nous inspirons, l'air qui contient des petites particules invisibles, appelées « molécules odorantes », pénètre en grande quantité dans nos narines. L'entrée de ces nombreuses molécules permet de bien reconnaître l'odeur.

SNiiiiFFFFF

Le nez s'habitue...

expérience TRÈS FACILE

Si nous entrons dans une maison où vivent des animaux familiers, nous pouvons d'emblée en percevoir les odeurs.

1. Le matériel

● *1 pot-pourri d'odeurs ou un parfum (avec une odeur forte)*

2. La manipulation

1 Dispose le pot-pourri ou le parfum dans une salle de bains où les gens ont l'habitude de passer.
Note leur réaction la première fois qu'ils sentent cette odeur dans la pièce.

2 S'ils restent un certain temps en présence de l'odeur, demande-leur s'ils la sentent toujours aussi fort. Tu peux toi-même te poser la question.

Que déduis-tu de cette expérience ?

3. L'explication

Les centres de l'odorat réagissent principalement aux changements d'odeur. Les habitants de la maison peuvent être tellement habitués à certaines odeurs qu'ils ne les perçoivent plus, à moins de s'absenter pendant quelque temps. Ainsi, certaines odeurs perçues tout d'abord avec beaucoup d'intensité finissent par ne plus être senties lorsque nous sommes plongés dedans depuis un moment.

On dit alors qu'il y a accoutumance.

Notre environnement répand tellement d'odeurs que le cerveau serait submergé s'il devait les suivre toutes !

4. L'application

La science ignore le mécanisme exact de l'odorat. On sait cependant que chaque odeur est composée de petites particules invisibles de plusieurs sortes, appelées « molécules odorantes », qui flottent dans l'air. Chaque variété peut être reconnue par un capteur particulier, spécifique, appelé « récepteur ». Chaque odeur est constituée de molécules odorantes dont la forme caractéristique s'adapte à un type précis de récepteur. Lorsque le récepteur reconnaît la molécule odorante, cela provoque une réaction que le cerveau interprète. Mais si les récepteurs s'habituent à une odeur, ils « s'endorment ».

expérience
TRÈS FACILE

Le nez nous rappelle...

Nous avons tous fait l'expérience de l'association d'une odeur précise à un événement du passé, ou au souvenir d'une personne...

1. L'enquête

1 Pendant une promenade ou durant toute une journée, note les odeurs qui t'ont marqué ou t'ont fait penser à un événement déjà vécu. Tu peux écrire une histoire à partir des souvenirs qui sont apparus au fond de toi.

2. L'explication

On apprécie les parfums naturels des fleurs, de la campagne et des rivages marins. Beaucoup d'odeurs sont mémorisées. Si, de nombreuses années plus tard, les mêmes odeurs effleurent nos narines, elles peuvent réveiller en nous l'image associée à leur première perception.

L'odeur saline de la mer suffit par exemple à nous transporter en imagination à la plage et à nous rappeler nos vacances. L'odorat, en effet, est un sens d'association et de souvenirs, capable de nous réjouir ou de nous attrister.

3. L'application

Malgré ses nombreuses capacités de souvenir, l'odorat est considéré chez l'homme comme un sens secondaire, parce que souvent il ne fonctionne pas du tout, ou se montre peu sensible. C'est le cas lorsque nous sommes enrhumés : les mucosités (les sécrétions des muqueuses du nez) gênent l'odorat.

expérience SIMPLE

Le froid a-t-il une odeur ?

Comment se fait-il qu'une crème ne sente rien lorsqu'on la sent dans un réfrigérateur, alors qu'elle a flatté les narines pendant sa préparation ?

1. Le matériel

- **1 bol**
  rempli d'eau très chaude du robinet
- **1 fourchette**
- **2 verres**
- **1 réfrigérateur**
- **2 feuilles de chou rouge ou d'épinard**

2. La manipulation

1 Écrase avec la fourchette les feuilles de chou rouge ou d'épinard dans l'eau du bol.

2 Verse du jus de chou ou d'épinard dans 2 verres.

3 Pose l'un d'eux pendant 2 heures dans le compartiment à glace du réfrigérateur.

4 Attends. Au bout des 2 heures, respire l'odeur de chaque verre.

Trouves-tu une différence ?
Attends quelques minutes, et sens de nouveau.
Obtiens-tu le même résultat ?

33

3. L'explication

Le jus tiède sent fort (et pas très bon) tandis que le jus froid ne sent rien... En se réchauffant, le jus placé au réfrigérateur retrouve une odeur !

Lorsque le jus est tiède, les particules qui le composent sont agitées et certaines s'échappent dans l'air, jusqu'au nez par exemple. Par contre, plus le jus est froid, moins ses molécules bougent. Il y en a donc très peu qui s'échappent, et on ne sent plus rien. Il faut attendre que le jus soit un peu plus chaud pour que son odeur circule dans l'air.

4. L'application

Les aliments surgelés alors qu'ils étaient encore crus conservent bien leur odeur car le froid empêche les particules odorantes de s'échapper dans l'air. On s'en rend bien compte en ouvrant la porte d'un congélateur ou même d'un réfrigérateur : les aliments placés au frais n'inondent pas l'appareil de leur odeur, sauf lorsque celle-ci est particulièrement forte, comme celle d'un melon ou d'une saucisse fumée par exemple.

35

Un odorat à tout faire

Est-ce que l'odorat sert à d'autres choses qu'à reconnaître la nourriture dans le monde animal ?

1. La manipulation

1 Observe les activités de ton chien ou du chien d'un ami. À ton avis, se sert-il plus, autant ou moins de son odorat que toi ? Comment cela se fait-il ?

SNIF
SNIF

Connais-tu d'autres animaux qui ont besoin de leur odorat pour vivre ?

2. L'explication

Les êtres humains sont capables de distinguer beaucoup d'odeurs. Mais ce n'est rien à côté de la sensibilité du nez d'un chien, dont l'odorat est bien meilleur encore que le nôtre.

À la différence de l'homme, l'odorat chez beaucoup d'animaux est extraordinairement sensible. Il leur est indispensable pour s'alimenter, se défendre, s'orienter.

On sait que les chiens policiers sont dressés pour retrouver un malfaiteur ou un enfant disparu seulement en suivant leur trace. La finesse de l'odorat du chien permet même de détecter la présence de personnes enfouies sous une avalanche.

3. L'application

Quelques insectes ont un odorat étonnant. Une mite mâle peut détecter à des kilomètres l'odeur d'une mite femelle, qu'elle ne reçoit que sous la forme de quelques particules d'odeur. De telles particules, qui incitent un animal à entreprendre une action déterminée comme par exemple rechercher une femelle, s'appellent « phéromones ». Ce mot s'apparente à « hormones », mot qui désigne des messagers chimiques du corps. Les phéromones sont des messagers chimiques externes, qui exercent leur action à distance.

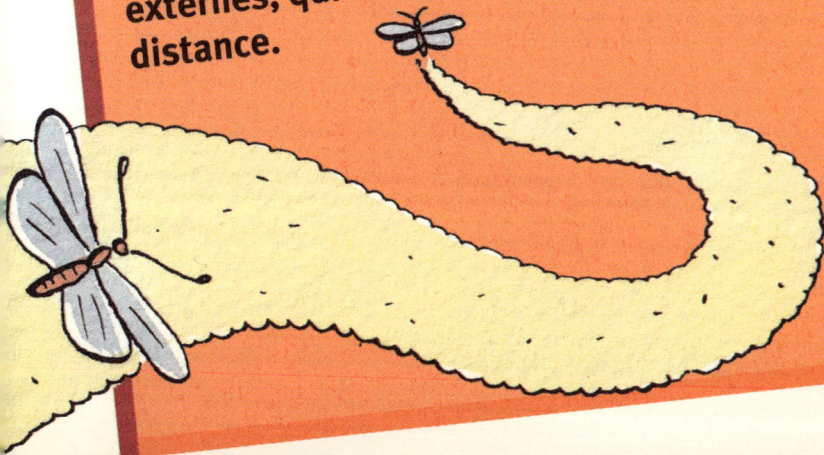

Enrhubé !

expérience
TRÈS FACILE

Quand on est enrhumé, les aliments nous semblent plus fades. Il devient plus difficile de faire la différence entre chacun d'eux. Pourquoi ?

1. Le matériel

- 1 bandeau
- 1 couteau
- 1 carotte
- 1 pomme de terre
- 1 navet
- 1 oignon

2. La manipulation

1 Découpe en tranches les différents légumes.

2 Mets le bandeau devant tes yeux, et bouche-toi le nez.

3 Demande à ton ami de te présenter 1 des tranches découpées. Reconnais-tu le légume qui t'est présenté ?

4 Continue en goûtant au moins 1 tranche de chaque légume.

3. L'explication

Il est très difficile de distinguer deux aliments ayant la même forme et qui croquent de la même manière sous la dent si l'on a le nez bouché.

Sans le nez on ne peut rien goûter. La langue ne reconnaît que le sucré, le salé, l'acide et l'amer. Toutes les autres informations nous sont données par le nez. Les signaux émis au niveau de la langue arrivent au cerveau et sont associés à ceux venus du nez. En général, nous percevons l'odeur avant le goût car les signaux odorants sont plus rapides. Le cerveau analyse ces informations et les compare avec ce qu'il sait déjà.

4. L'application

Nous pouvons souvent « goûter » une odeur parce que les molécules odorantes passent du nez dans la bouche. Certaines d'entre elles se mêlent à la salive qui couvre la langue dont elles stimulent les récepteurs (des capteurs). Mais lorsque nous sommes enrhumés, nous disposons de moins d'informations sur ce que nous mangeons, car notre langue est moins précise, moins sensible, que notre nez. Des animaux comme les serpents « goûtent l'air » en le fouettant de leur langue. Celle-ci recueille, en effet, des molécules odorantes qui seront analysées ensuite à l'arrière de la bouche.

Les aliments : combien de goûts ?

expérience SIMPLE

Qu'est-ce que ressent vraiment la langue, l'organe du goût ?

1. L'enquête

1 Voici différents aliments répartis dans un tableau. Place une croix devant chacun d'eux en fonction de leur saveur :

	sucré	salé	acide	amer
pamplemousse				
tomate				
fromage				
banane				
café				
confiture				

2 Classe dans ce tableau les aliments que tu as mangés aujourd'hui selon leur saveur (sucré, salé, acide, amer).

**Recommence pour
chaque repas.**

2. L'explication

Le pamplemousse est acide, la tomate sucrée et un peu acide, la banane sucrée, le café amer. La confiture est sucrée en général, mais la confiture d'oranges est amère ; le fromage peut avoir différentes saveurs, en particulier la saveur salée.

La langue est l'organe du goût . Elle est tapissée de papilles appelées les « bourgeons du goût ». Ces papilles gustatives perçoivent quatre saveurs différentes : le goût sucré, le goût salé, le goût acide, le goût amer.

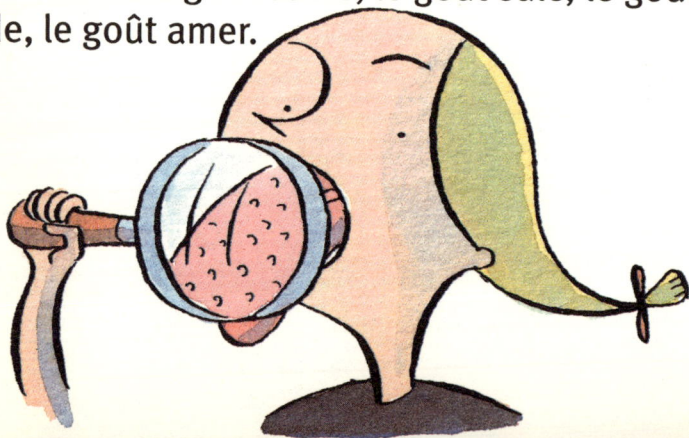

3. L'application

Tout comme elle aide à reconnaître et à apprécier le goût des aliments, la langue est aussi sensible à la chaleur, au froid, à la douleur et à la consistance des objets et des aliments. Ainsi, le nourrisson explore le monde et découvre les objets en les portant à sa bouche.

La langue s'organise...

Expérience COMPLEXE

Est-ce que toutes les parties de la langue sont sensibles à toutes les saveurs ?

1. Le matériel

- 1 feuille de papier
- du sel
- du sucre en poudre
- du café moulu
- du vinaigre
- 4 petites tasses
- un peu d'eau
- 1 paille ou un compte-gouttes

2. La manipulation

1 Trace 1 dessin représentant ta langue sur 1 feuille de papier.

2 Place chacun des ingrédients, le sel, le sucre en poudre, le café moulu et le vinaigre, dans 1 tasse, puis dissous sucre, café et sel dans un peu d'eau.

3 À l'aide de la paille, dépose 1 goutte de la solution de sucre sur différentes parties de ta langue.

4 Note sur le dessin la zone de la langue grâce à laquelle tu as reconnu le goût.

5 Recommence avec les autres solutions après avoir rincé la paille, bu de l'eau puis essuyé ta langue avec un mouchoir en papier.

3. L'explication

Des régions de la langue sensibles aux différentes saveurs peuvent être plus ou moins délimitées.
La langue est l'organe du goût. Elle est recouverte de milliers de petites papilles qui contiennent des groupes de capteurs appelés « bourgeons gustatifs » assemblés en forme de quartiers d'orange. Nous en avons plus de dix mille.

Les bourgeons sont localisés différemment selon le goût qu'ils reconnaissent : le sucré et le salé en avant de la langue, l'acide sur les côtés, et l'amer en arrière. Ainsi, le salé et le sucré sont habituellement perçus avant que la nourriture ne passe sur les parties sensibles à l'amer.

4. L'application

Les bourgeons gustatifs ne se limitent pas à la langue. On en trouve également sur le palais (partie supérieure de la bouche), sur l'épiglotte et dans les membranes qui tapissent la gorge. Les bourgeons gustatifs sont beaucoup plus nombreux dans la bouche d'un enfant que dans celle d'un adulte, et ils continuent à disparaître lentement à mesure que nous vieillissons.

L'interprétation que nous faisons des différents goûts varie : certains font la grimace en mordant dans un citron, d'autres gardent le sourire. Mais pour tous la géographie de la langue est identique.

51

Le goût et la salive

expérience SIMPLE

La salive joue-t-elle un rôle dans le sens du goût ?

1. Le matériel

● **1 feuille** de papier absorbant

● **2 morceaux** de chocolat

2. La manipulation

1 Sèche ta langue avec le papier absorbant.

2 Dépose un morceau de chocolat sur ta langue.

Parviens-tu à reconnaître le goût du chocolat ?

3. L'explication

Le chocolat n'a plus de goût ! La salive a été absorbée par le papier. Quand on dépose le bout de chocolat sur la langue, il ne peut être dissous que par l'eau que contient la salive.

Pour que l'information du goût soit transmise au cerveau, il faut que les aliments soient sous forme de solution (sous forme liquide). Ils doivent donc être déjà dilués dans du liquide, ou bien se mélanger à notre salive pour que les papilles de la langue puissent détecter leurs particules odorantes.

4. L'application

Les différentes saveurs se mélangent dans la salive que nous produisons en mangeant. Le goût est dû alors à de très petites particules invisibles, appelées « molécules chimiques », mélangées dans la salive. Ces molécules sont reconnues par les récepteurs (ou capteurs) des papilles de la langue. Lorsque les récepteurs détectent un goût, ils envoient un signal qui passe le long des fibres nerveuses, en direction du cerveau. Ainsi, le cerveau est au courant des différents goûts présents dans la bouche.

Exerce ton goût

expérience TRÈS FACILE

Pour être la plus savoureuse possible, une glace doit-elle être très froide ?

1. Le matériel

- 1 glaçon
- 1 fruit

2. La manipulation

1 Prends un glaçon et garde-le dans ta bouche pendant 1 minute.

2 Retire-le de la bouche et mange un morceau de fruit.

Que remarques-tu ?

3. L'explication

Le fruit a pratiquement perdu toute sa saveur !
La sensation de goût est liée à la température.

Les aliments perdent une grande partie de leur
saveur quand ils sont froids, parce que le froid les
empêche de bien se mélanger à la salive.

Mais surtout, les capteurs de goût de la langue
sont engourdis par le froid, de la même manière
que les capteurs du toucher de notre peau.

4. L'application

La température idéale pour apprécier la saveur d'un aliment se situe en général entre 20 et 30 °C. Plus froid, un aliment ne libère pas assez de particules de goût ; plus chaud, il peut brûler les capteurs de goût de la langue. Pour être la plus savoureuse possible, une glace doit être déjà un peu moins froide que dans le congélateur, et c'est pour cela que les fabricants conseillent de sortir leurs glaces du congélateur un quart d'heure avant de les déguster !

expérience COMPLEXE

Choisir sa saveur préférée

Le goût suffit-il à reconnaître et à choisir nos aliments ?

1. Le matériel

- de la farine
- du sucre
- 1 zeste de citron et son jus
- 1 zeste de pamplemousse et son jus
- 3 colorants alimentaires
- 1 plaque à four
- 1 cuiller à soupe

- 4 bols
- 1 planche à pâtisserie
- du papier essuie-tout
- 1 rouleau à pâtisserie
- 1 tablier
- du sel
- 1 emporte-pièce ou 1 verre
- de la margarine

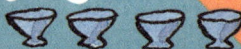

2. La manipulation

La cuisine se fait en présence d'un adulte.

1 Dans chaque bol
verse 2 cuillerées
de farine et
1 de margarine.

2 Pour constituer 4 biscuits de saveurs
différentes, ajoute dans chacun des bols :

1er bol	2e bol	3e bol	4e bol
du sel	du sucre	du citron	du
avec	avec	avec	pamplemousse
colorant	colorant	colorant	
alimentaire	alimentaire	alimentaire	

3 Mélange le contenu de chaque bol.

4 Étale chaque
pâte à l'aide
du rouleau à pâtisserie.

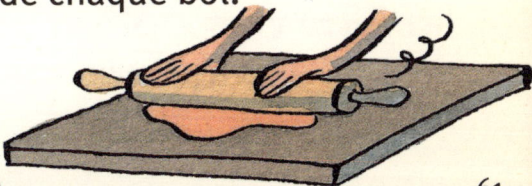

5 Découpe des biscuits avec le verre. Pense à tout laver entre les différentes saveurs pour éviter les mélanges.

6 Graisse la plaque avec la margarine. Dépose chaque petit biscuit.

7 Mets au four à 180° C (thermostat 6). Fais cuire environ 15 minutes. Puis laisse refroidir.

8 Goûte chaque biscuit en pensant à te rincer la bouche entre chacun d'eux. Reconnais-tu leur goût ?

3. L'application

Le goût est vraiment un sens qui n'aime pas être seul ! Pour apprécier un aliment, il faut reconnaître son goût (sa saveur), mais aussi son odeur et sa consistance. Et si l'on nous présente un aliment avec une couleur inhabituelle (du jus d'orange vert par exemple), on a souvent du mal à le reconnaître en le goûtant... La vue joue donc également un rôle dans la reconnaissance d'un aliment.

J'aime, j'aime pas...

Est-ce par leur aspect, leur odeur ou leur goût que nous jugeons les aliments ?

1. L'enquête

1 Fais une liste des 10 odeurs que tu préfères et des 10 odeurs que tu détestes le plus.

2 Saurais-tu dire pourquoi tu aimes ou tu n'aimes pas ?

Demande à tes amis de faire leurs propres listes et comparez-les.

2. L'explication

En général, on aime bien les odeurs de nourriture, de fleurs, et l'on déteste les odeurs de poubelles, de W.-C., mais aussi de certains aliments et de certaines fleurs.

Si l'on aime ou pas une odeur, c'est le plus souvent parce que notre odorat a été éduqué. Ainsi, un nourrisson aime de la même manière des odeurs qui nous sont agréables et d'autres qui nous repoussent.

C'est par exemple parce qu'il n'a pas encore appris que le « caca », c'est sale. Une fois qu'il aura appris la propreté, la seule odeur d'une crotte lui fera se boucher le nez, alors que les capteurs de son nez n'ont pas changé et réagissent de la même manière qu'auparavant.

3. L'application

Les signaux envoyés par les récepteurs (ou capteurs) des bourgeons gustatifs de la langue arrivent au cerveau. Ils s'y combinent avec les informations transmises par les récepteurs (ou capteurs) des bourgeons olfactifs du nez. Le cerveau analyse ces informations et les compare aux goûts et aux odeurs qu'il a en mémoire. Un aliment mangé lors d'un repas à la suite duquel nous avons été très malade peut ainsi nous faire détourner la tête lorsqu'il nous est présenté à nouveau, malgré son excellent goût et sa qualité alimentaire.

S'emmêler les sens

expérience COMPLEXE

La découverte d'un plat engage tous les sens. Le goût et l'odeur stimulent-ils l'appétit ?

1. Le matériel

- 1 tablier
- 1 couteau
- 1 presse-agrumes
- 1 cuiller
- 1 torchon
- 1 verre à mesure
- 1 éponge
- 2 bananes
- 2 oranges

- 1 citron
- 2 yaourts nature
- 100 g de sucre
- 1 sachet de sucre vanillé
- 1 coupe
- 2 bols

2. La manipulation

La cuisine se fait en présence d'un adulte.

1 Découpe les 2 bananes en rondelles.

2 Épluche les 2 oranges, sépare-les en quartiers, puis coupe-les en morceaux.

3 Mets tous ces fruits coupés en morceaux dans le bol.

4 Presse le citron puis arrose les fruits avec le jus de citron.

5 Mets le bol au frais dans le réfrigérateur.

6 Verse dans le 2e bol les 2 yaourts, le sucre semoule et vanillé.

69

7 Remue vigoureusement et mets au frais.

8 Au moment de servir, verse les yaourts sucrés sur les fruits.

**Présenter
la salade de fruits
dans des coupes.**

3. L'explication

Lorsqu'on cuisine, les cinq sens sont en éveil, ce qui peut déterminer le choix de manger ou non : l'œil repère l'aliment, la main le touche et le porte au nez qui le sent, et l'oreille est aux aguets.

4. L'application

L'odorat et le goût permettent de mettre en marche le système digestif. Certains goûts, certaines odeurs stimulent les glandes salivaires (les organes qui sécrètent la salive) : c'est ainsi que la salive se trouve dans la bouche dès que la nourriture y pénètre.

Le goût et l'odorat

Les hommes ont toujours goûté et découvert de nouveaux aliments.
Pendant le Directoire en 1795, puis lors de l'épopée napoléonienne à travers l'Europe, le gouvernement français offrit un prix à celui qui trouverait le moyen de préserver les aliments.

Ainsi, au 19e siècle, Nicolas Appert (1750-1841) inventa le procédé des conserves. Il avait découvert qu'il était possible d'éviter le pourrissement des aliments en les enfermant dans des bocaux et en les chauffant.

Nicolas Appert inventa les conserves au 19e siècle

Des confitures et des gelées pour lutter contre les bactéries

Son invention fut testée par la marine française en 1804 ; lorsque les marins ouvrirent les bocaux au bout de trois mois, la nourriture était toujours fraîche.

Quelques années plus tard, la méthode fut améliorée par l'utilisation de boîtes en fer-blanc, et par une stérilisation par chauffage plus rapide. Avant l'invention des réfrigérateurs ou des congélateurs, les confitures, les marmelades et autres gelées ont permis d'empêcher

les bactéries de faire tourner la nourriture. Clarence Birdseye, lui, découvrit le procédé de la congélation.
Dans les années 1912-1915, il travaillait au Labrador, pour le compte du gouvernement américain, sur l'étude des poissons et de la vie sauvage. Il remarqua que les poissons pêchés par les habitants du Labrador gelaient aussitôt sortis de l'eau et se trouvaient ainsi conservés. Il pensa que cette technique pouvait aussi s'appliquer aux végétaux frais. Revenu aux États-Unis en 1924, il monta sa propre compagnie dans le New Jersey : elle congelait les aliments.

Additifs, arômes artificiels, stabilisants, émulsifiants, pour rendre nos aliments plus appétissants

Les additifs sont des éléments censés rendre les aliments plus appétissants. On trouve ainsi des saveurs artificielles qui remplacent celles qui ont été perdues lors des différents procédés industriels.

Les conservateurs permettent de conserver les aliments ; les stabilisants et les émulsifiants leur donnent une meilleure texture.

Le goût et l'odorat

(suite)

HISTOIRE

Longtemps le sel et le sucre furent les seuls additifs

Les additifs étaient naturels : sel, sucre... Au temps des Égyptiens puis des Romains, manger du pain blanc était un signe de richesse. Des poudres blanches étaient ajoutées à la farine jaunâtre ou grisâtre. Les Romains ajoutaient de la soude naturelle pour rendre la nourriture plus colorée.

Au 17e siècle, les gens voulaient tellement que leur pain soit le plus blanc possible que les boulangers ajoutaient de la poudre d'os séchés ou de la craie !

Aujourd'hui, de nouveaux additifs sont apparus

Aujourd'hui, une nouvelle forme d'additifs est apparue : elle est utilisée à une étape très précoce de la production, quand la plante est en train de pousser. Il s'agit des pesticides et des insecticides qui sont vaporisés sur les fruits et les légumes pendant leur croissance. Ils aident à préserver les aliments des insectes. Toutefois, lorsque nous mangeons ces aliments, certains insecticides peuvent rester. Il est difficile de savoir si les aliments ont été traités ou non car

les agriculteurs ne sont pas tenus de le dire.
Les personnes qui veulent éviter de manger des aliments traités se nourrissent d'aliments dits biologiques ou écologiques qui n'ont subi aucun traitement pendant leur culture.
Beaucoup d'aliments en conserve contiennent des additifs tels que des arômes et des couleurs artificiels qui rendent ces produits appétissants et leur donnent le goût d'aliments familiers.
Mais ils ne sont pas indispensables dans notre alimentation et peuvent parfois être considérés comme nocifs.

Aliments traités ou produits naturels

Des personnes peuvent être particulièrement sensibles à certains de ces additifs, et après absorption des aliments avoir des maux de tête ou développer une allergie.

Ainsi, le chlore a été utilisé pour blanchir certains aliments (pain, farine...) et les conserver. Mais étant donné que c'est une substance puissante, cet additif a été interdit dans de nombreux pays ! Les industries alimentaires ont l'obligation d'indiquer tous les composants de leurs produits, du plus important en quantité au moins important.

Les additifs utilisés dans leur fabrication sont donc mentionnés sur les étiquettes.

Le goût et l'odorat

Des instruments renifleurs plus sensibles que notre nez

La technologie moderne a permis la construction de nombreux appareils bien plus performants que l'être humain sur le plan de l'odorat.

Des instruments « renifleurs », plus sensibles que notre nez, ont été développés. L'un de ces instruments est constitué d'un tube aspirateur muni d'un capteur chimique sensible à certaines substances spécifiques. Utilisé dans les ports et les aéroports, il hume

les marchandises et détecte les émanations des drogues, des explosifs, de l'alcool et d'autres substances suspectes.

Le CONDOR : un aspirareur d'odeurs suspectes

Un autre type de détecteur, CONDOR (un système détecteur de contrebande), aspire des échantillons d'air au voisinage de valises ou de colis et les envoie par un tuyau dans un camion.
Là, l'air est analysé.

Les ordinateurs du CONDOR isolent les empreintes spécifiques de substances illégales des nombreuses autres odeurs normalement contenues dans l'air, et fournissent le résultat en deux minutes.
Si des odeurs suspectes sont décelées, le chargement est fouillé à la main.
Il faut tout de même remarquer que le chien, utilisé depuis longtemps pour son flair, reste aujourd'hui encore un excellent détecteur de chargements suspects.

BLOC-NOTES

Les Petits Débrouillards

Les expériences que tu viens de découvrir dans ce livre ont été rédigées et testées par l'association des Petits Débrouillards. Dans toutes les régions de France, cette association propose aux jeunes des animations pour découvrir les sciences en s'amusant. Et il existe même des Petits Débrouillards dans de nombreux autres pays.

En rejoignant les Petits Débrouillards de ta région, tu pourras choisir de nombreux thèmes à explorer : l'espace, la chimie, la météorologie, l'environnement, la ville, le corps humain, et bien d'autres encore. Dans des clubs, des ateliers, des centres de vacances, des classes de découverte, tu réaliseras encore plus d'expériences et tu pourras même préparer des maquettes, des machines, des jouets que tu seras invité à présenter dans des expositions !

L'ASSOCIATION NATIONALE DES PETITS DÉBROUILLARDS, C'EST :
Plus de 100 clubs locaux, 50 centres de vacances et classes de découverte, plus de 2 000 ateliers dans les écoles, les centres de loisirs et les « bas d'immeuble ».
Elle est soutenue par : Le ministère de l'Éducation nationale, le ministère de la Culture, le ministère de la Jeunesse et des Sports, le ministère de la Ville.

Fais connaissance avec les Petits Débrouillards de ta région en t'adressant à :
Les Petits Débrouillards, La Halle aux cuirs, 2 rue de la Clôture, 75930 Paris cedex 19
sur Internet : anpd@infonie. fr
sur son site web : http ://www.lespetitsdebrouillards.com

POUR LES 8-12ANS

l'Encyclopédie pratique des Petits Débrouillards
- **Volume 1.** À la découverte de l'eau
- **Volume 2.** L'invisible
- **Volume 3.** Vivre de mille manières
- **Volume 4.** Les secrets de l'air
- **Volume 5.** Planète Terre
- **Volume 6.** Le monde des extrêmes
- **Volume 7.** Des machines pour explorer le monde
- **Volume 8.** L'infiniment petit
- **Volume 9.** L'Univers, la Terre et les humains
- **Volume 10.** Qui sommes-nous ?

Sciences en poche
- **Les transformations de l'eau**
- **Les nuages et la pluie**
- **Le cœur de la Terre**
- **Les mystères de la vision**
- **Les surprises du toucher**
- **Les origines de la vie**
- **Le puzzle des continents**

Hors série
- **Le Soleil et ses éclipses**
- **L'eau, un bien à protéger**
- **L'électricité, une énergie à maîtriser**
- **La mer**

POUR LES 5-7ANS

Les 5/7 ans, une série de livres complices à partager avec les plus petits :
- **Le goût et la cuisine**
- **La vue et les couleurs**
- **L'ouïe et la musique**
- **Le toucher et le corps**
- **L'odorat et la nature**
- **La nuit et le sommeil**
- **La rue et la prudence**
- **La campagne et la nature**
- **La maison et ses secrets**

Imprimé en France sur les presses
de Pollina, 85400 Luçon - n° L82457